瞭解你八歲的孩子

麗莎·米勒 著
(Lisa Miller)

張德銳、趙雷震 譯

三民書局

國家圖書館出版品預行編目資料

瞭解你八歲的孩子 ／ 麗莎・米勒 （
    Lisa Miller) 著；張德銳,趙雷震
    譯.--初版.--臺北市：三民，民85
    面；　　公分
    譯自：Understanding　your　8
        year old
    參考書目：面
    ISBN 957-14-2437-4（平裝）

1.兒童心理學

173.12   85003077

國際網路位址　http://sanmin.com.tw

© 瞭解你八歲的孩子

著作人　麗莎・米勒 (Lisa Miller)
譯　者　張德銳　趙雷震
發行人　劉振強
著作財　三民書局股份有限公司
產權人　臺北市復興北路三八六號
發行所　三民書局股份有限公司
　　　　地　址／臺北市復興北路三八六號
　　　　郵　撥／〇〇〇九九九八——五號
印刷所　三民書局股份有限公司
門市部　復北店／臺北市復興北路三八六號
　　　　重南店／臺北市重慶南路一段六十一號
初　版　中華民國八十五年九月

編　號　S 52077

基本定價　叁元陸角

行政院新聞局登記證局版臺業字第〇二〇〇號

有著作權・不准侵害

ISBN 957-14-2437-4（平裝）

盧序 ── 愛他・請認識他

　　淘氣「阿丹」上學的第一天，帶了個「阿丹塑像」及「錄音機」到教室上課。

　　原班老師久聞「阿丹」盛名，第一天上課就請病假，由代課老師上課。代課老師問阿丹怎麼才剛上課就「不安於室」的搬出「塑像」和「錄音機」。阿丹指著阿丹塑像說：「『他』是來代替我上課的，你瞧！他最乖了，不吵也不鬧！錄音機是用來錄音你講的課，因為我媽媽說你講的每一句話我都要記住。有了這些道具，我是不是就

可以出去玩了呢?」代課老師說:「你簡直亂來,怎麼可以找人代替上課呢?」阿丹理直氣壯的說:「可以有『代課老師』,為什麼不可以有『代課學生』呢?」

這個個案裡說明了當今教養與教育上的諸多問題,如果父母與老師瞭解孩子的發展與需求,也許「暴走族」的孩子就不會產生了。為了讓2000年的臺灣孩子有更生動活潑,以及更人性化的學習環境,上至教育部、教改會,下至民間各個團體紛紛卯足熱勁,扮起教育改革的「拼命三郎」。在參與及推動教育改革的過程中,我和一起工作的老師、父母們有快樂歡愉的經驗,但也有黯然神傷的時候,最重要的原因在於成人往往忽略孩子各個階段的發展與個別差異的需求,這也正是現今「教育鬆綁」窒礙難行之處,真愛孩子就必

須為孩子量身訂做適合孩子成長的學習環境。

　三民書局為使父母與老師對孩子的發展能更瞭解與認識，同時對孩子的各種疑難雜症，能有「絕招」以對，將採由E. 奧斯朋(E. Osborne)主編「瞭解你的孩子」(Understanding Your Child)系列叢書，聘請學理與實務經驗俱豐的專家譯成中文以饗讀者。希望藉此，讓父母與教師在面對各個不同的個案時，能迎刃而解。同時在「琢磨」孩子的過程中，也能關照孩子的「本來」。

　　從初生到二十歲這一成長階段的關注與指南，在國內的出版品中仍屬少見。除了謝謝三民書局劉振強董事長及編輯同仁的智慧與愛心外，更盼你從這些「珍本」中，細體孩子追趕跑跳碰的童年，以及狂狷青少年的生理與心理上的種種變化與特徵。

愛孩子是要學習的，讓我們從認識孩子的發展與需要著手，然後真正的「因材施教」，使每個孩子健健康康、快快樂樂的成長與學習。

盧美貴

於臺北市立師範學院

民國85年8月1日

診所簡介

泰佛斯多診所 (The Tavistock Clinic)，1920
年成立於倫敦，以因應生活遭遇到第一次世界大
戰破壞之人們的需要。今天，儘管人與時代都已
改變了，但診所仍致力於瞭解人們的需要。除了
協助成年人和青少年之外，目前泰佛斯多診所還
擁有一個大的部門服務兒童和家庭。該部門對各
年齡層的孩子有廣泛的經驗，也幫助那些對養育
孩子這件挑戰性工作感到挫折的父母。他們堅決
表示成人要盡早介入孩子在其成長過程中所可能

出現的不可避免的問題；並且堅信如果能防患於未然，父母是幫助孩子解決這些問題的最佳人選。

　　因此，診所的專業人員很樂意提供這一套描述孩子成長過程的叢書，幫助父母們認識孩子成長過程中的煩惱，並提供建議以幫助父母思考其子女的成長。

著者

麗莎·米勒(Lisa Miller)從牛津的一所大學畢業之後當了一名教師。她曾在倫敦的泰佛斯多診所接受兒童心理治療師的培訓,現在服務於該診所的兒童家庭部。她的時間分別用於臨床工作和教學,並且負責五歲以下兒童的輔導服務,為所有關心嬰兒與幼童的父母與準父母們提供多達五次的訪談。

她已發表的論著包括與瑪格麗特·羅斯金(Margaret Rustin)、米歇爾·羅斯金 (Michael

Rustin)和朱蒂・夏特華茲(Judy Shuttleworth)合編

的《密切觀察嬰幼兒》(*Closely observed infants*)：

它敘述了泰佛斯多診所首創的觀察嬰幼兒的方

法。

　　麗莎・米勒已婚並有四個孩子。

目錄

吸收萬物／安全感和信任感／出差錯，就得收

拾殘局／朋友和交際

前言

「給我一個孩子養到七歲，之後任何人都可以接去養。」（依格納提‧羅約拉(Ignatius Loyola)）。

誠然，你會爭論這句話的正確程度，因為許多發展是在八歲後才開始，但在現今，我們仍傾向於接受人的性格在八歲定型的觀點。在這個階段，尚未發展的部分會擴展茁壯，力量會出其不意地展現，相反地，隱藏的難題也會暴露出來。而且我們也需考慮到經驗的影響，不論它是好是壞，都會對成長有所助益或造成混亂損害，但由早期數年的密集快速發展，已可看出孩子未來的人格特質。

　　只要看看人們是怎麼期待八歲的孩子，就能瞭解這個年齡在人一生中所占的地位。例如在英國，八歲是離開幼稚園到小學的年紀，這種變動與兒童心理、社會、智力發展恰好吻合，他正逐漸脫離小家庭的親密世界及仿效家庭模式的教育方法。小學生被要求更為獨立，他所進入的較嚴

酷世界不僅是社會強加的，而且是與其成長歷程相契合。從此能解開纜繩，讓他獨自航行。

我們可以收集過去與現在的例子來證明這個感覺，即八歲為一決定性的轉捩點，前七年著重於基本的心理培養，此後應從家庭及父母手中取得某種程度的自主。在中世紀時，預定做騎士的小男孩大約在此年齡離開父母到別人家做見習騎士，到十四歲左右晉升為騎士扈從。似乎大家公認，介於七、八歲與青春期間的童年中段，的確有些特殊之處。

也許有人會強調孩子有極大差異，八歲孩童彼此有著天壤之別，個體達到不同階段的時間也不一致。但是我希望指出許多共同法則使本書能吸引關心八歲孩子的人。舉例來說，布琳達（Belinda）非常喜愛洋娃娃，在她八歲生日時請

求大人給她買「最後一個洋娃娃」。羅賓（Robin）
對板球感興趣，要求一塊「標準球板」。 這並不
是說布琳達完全放棄洋娃娃，也不是說羅賓的遊
戲變得高雅，但兩人恰巧都對八歲生日有所感觸。
企圖在每個孩子身上尋求這種感觸是白費力氣，
因為你會發現某些孩子過八歲生日時沒有類似感
觸。然而布琳達與羅賓均分別對幼年有一種告別
情懷，這種情形在此一階段是相當普遍的。

第一章

成長中的八歲

我們進入了怎樣的一個階段？

　　我剛才談到孩子告別幼年，這是一個循序漸進的過程。幼稚園期（五到七歲），孩子身上產生一種重要的情感變化。學齡前孩子全心投入於家庭關係，媽咪、爹地和寶寶是生活重心。他們為強烈的情感折磨，常作惡夢，並對巨人、女巫和怪物有短暫恐懼。無論男孩或女孩都經驗過強烈依戀母親或父親的時期，還希望她或他與別的成年人離得遠遠的。他們對自己或別人的新生弟妹有著強烈的興趣，但同時，各種嫉妒、羨慕及熱情也應運而生。這種情感在五歲前後已減弱，到八歲時則完全進入另一個情感世界。

艾蜜麗(Emily)三歲時，弟弟山姆(Sam)出生了。有一位和他們家關係密切的朋友，對這家人的情況很清楚。在山姆快兩歲那年這位朋友出國去，回來時，艾蜜麗已九歲，山姆也五歲了。自然，不出他所料，孩子改變許多，但這些變化的性質引起了他的興趣。離開前，他目睹了艾蜜麗從山姆出世時渴望成為的「完美小母親」轉變為易怒、鬧彆扭的小女孩，無法一如既往地模仿母親。艾蜜麗經歷了一段劇烈期，很明顯

地對任何人都發怒，氣她父母未與她商量而生出了一個小寶寶，氣山姆出世而且如此可愛，氣母親大肚子又能生孩子，氣父親和母親結婚而不能全心全意關注她。不過，這只是其中一面。在另一方面是對弟弟真正的好奇，她真心希望能像父母一樣，並學會幫助照顧弟弟。她也由衷喜愛這小寶寶，很高興小寶寶漸漸長大且明顯地崇拜姐姐。然而家中的氣氛仍很不穩定，父母都十分疲憊，山姆醒來要餵奶，艾蜜麗則會做惡夢。他們應堅持讓孩子睡在自己床上嗎？怎麼處理艾蜜麗的嫉妒心理呢？他們對艾蜜麗感到抱歉，為迷人的大孩子表現出本性的另一面而吃驚，但同時也知道要保護山姆。父母意見經常不一致，疲累使他們意志軟化，如同山姆與艾蜜麗，他們也會爭吵。他們的朋友本身並沒有小孩，對於此種感情的劇烈本質相當吃驚。

當這位朋友回國後看到一個已截然不同的家庭，不只艾蜜麗，而是全家人都達到某種平靜如水的地步。家庭旅遊和共同的興趣似乎較可行，全家會一起去主題公園或游泳池。孩子的父母很會打網球，繼艾蜜麗後，如今山姆也握拍上陣了，父母為重拾嗜好而高興。艾蜜麗參加許多的活動，如學鋼琴、加入童子軍，而山姆也期盼能跟姐姐一樣。很明顯，艾蜜麗和弟弟的關係變得更融洽。有時兩人高興地玩在一起，有時可以看到兩人在休戰狀態。艾蜜麗已認識到自己大姐姐的身分，應該和老師一般。「山姆，拉住我的手，不要走出人行道！」或是「好，山姆，真棒！畫得太好了！」或是，「你知道嗎！山姆在學看書呢！」說實話，艾蜜麗甚至有些遷就，而山姆還是我行我素，有時你會發覺他像個三、四歲的孩子，而不是五歲，偶爾亂發脾氣，甚至對他崇拜的姐姐也又吼又叫，他有一種有趣

的性情，竭力想讓自己表現得粗魯，他會吼著，「你這個木莓！你這棵玫瑰樹！」或「你是塊煎魚餅！」之類的話。艾蜜麗常會為此感到難堪，她認為一切孩子氣都很可笑，並把全部精力都投注於端正山姆的行為，使他成為一個合格的學生。

這位歸來的朋友發覺家庭氣氛已完全改變。母親重新找了一份專職工作，育嬰的熱誠消散。對於這樣的心境變化有各種看法，其中一種有趣的觀點來自弗洛伊德(Freud)。弗洛伊德讓我們注意到孩子們深深介入生命中最重要的部分。學齡前的孩子提出各種問題，例如：自己從哪裡來，大人與小孩有什麼區別，大人間的關係是怎麼樣的，還有愛與恨，上帝及死亡等。之後，又是另一個情感的發展期。多變的幼童期到青春期發育的這段期間（大約十一歲──英國孩子上中學的時候），孩子感覺有必要克制自己的熱烈情感，並關

注家庭和家庭關係以外的事物。

　　四歲的小男孩會提到幼稚園的教師說：「我長大後要和艾德華小姐(Miss Edwards)結婚。」然而到了八歲，連想到別人與他現在的老師湯瑪士女士(Ms Thomas)結婚都覺得很可怕，更別說是自己娶她了。小女孩曾毫不怕羞地把她的洋娃娃稱作自己的寶寶，且在玩耍時充當母親的角色。如今她或許仍對這種遊戲感興趣，但那種毫不拘束、有時甚至戲劇化的扮大人的渴望，則完全喪失了。孩子已進入倒數計時階段，準備做大人了。人類要經歷漫長的時間才達到成熟。在小學生年代，人生有很多事要做、要品味，而這一切自有一番滋味。

　　八歲兒童正恭逢其盛。我們怎樣進一步加以說明呢？在系統地描述他們的需要和願望之前，我想還是詳細說明一下這種特殊的滋味。那麼，典型的八歲兒

童是怎樣的呢?

遵守規則

　　八歲的孩子一般已學會分辨最基本的差異: 可做與不可做, 討人喜歡與討人厭, 好與壞, 對與錯等。整體來說, 這不是他們要懷疑自己的偏見和信念的時候,

那還早了一點，事實上這個年齡是熱情欣喜且自鳴得意的時期。他們喜歡做好事。例如，「拯救鯨魚」、「拯救熱帶雨林」之類的活動，可以方便且理直氣壯地站到對的一邊。

丹(Dan)的朋友哈瑞(Harry)參加了童子軍，丹也想參加。但他的母親猶豫不決，總覺得童子軍有問題，既落伍又嚴厲，令人回想起大英帝國的舊時代。應該還有些更具彈性且符合潮流的東西吧？但她認為不該阻止丹去試一試，於是她決定好好注意情況的發展，留心是否有政治上不正確態度的跡象。令她吃驚的是丹從一開始就非常熱心，童子軍似乎正合他的心意。他喜歡那些儀式及有組織的遊戲，為去野營而興奮不已，並時常談論童子軍歷史與創始人巴登鮑威爾(Baden-Powell)。漸漸地，丹累積了許多技能競賽中贏得的獎章，包括烹調、游泳、急救和音樂項目等。

丹的母親逐漸明白，童子軍對丹來說，不僅僅是一種娛樂，也是一種調劑。丹的母親是一位單身母親，丹是她主要的夥伴，他們很親近。她竭盡全力保護兒子遠離成人世界的煩惱，但她身邊卻沒有別的成年人可以依靠。所以，她自然和丹很貼近，而她的心充滿焦慮，包括對丹成長過程的擔憂。她是否太嚴格，還是太疏忽？應該鼓勵這個呢？還是擔心那個？對丹而言週二晚上的童子軍活動，等於就是他所憧憬的校園生活的翻版，雖然相較之下更為簡單直率。

　　後文將再談八歲兒童的興趣內容，以及丹參加童子軍愛做什麼。這裡只討論他們喜歡一目了然的指導，覺得大人對是非有一致共識。在童子軍裡什麼是好行為，對丹和他的伙伴來說是非常清楚的，就是投入集體活動中，遵守遊戲規則，去體會集體的安全感。有益的行為會受表揚和提倡，例如植樹、急救之類的，而

且在那裡，你沒有空閒的時間胡鬧。這並不意味著所有童子軍都行為端正——絕非如此，但在那裡，對於自己該做什麼以及不該做什麼沒有太多的疑惑，而且會很放心，因阿克拉(Akela)（領隊）及助手們會掌控一切且默契十足。

丹特別喜愛這樣的活動，可能因為在家裡他責任重大。他知道沒有人可以幫助母親，而母親常為各種憂慮所困擾。但許多八歲兒童也同樣渴望類似的經歷，不管是在學校、家庭、或是從書本和電視中得到。這個年齡的孩子正邁向新的獨立階段，而同時也需要堅實的依靠和支持。此外，丹也喜歡童子軍的重複性、規律性及小小的儀式，這些形成一種架構，讓他自得其樂。和其他孩子及年輕人一樣，八歲兒童需要明確可預測的界限規範，因為這是一個鞏固的階段。在學齡前階段，他們滿腔熱情地區別愛與恨，對與錯。到八

歲，初步基礎已打好。進入青少年期之前，孩童還不足以對付太多的是非衝突。他們會獨自思索，或和朋友、老師及父母一起討論。例如丹喜歡學校的「衛生教育」討論課程，精力充沛的年輕老師和學生聊些對與錯的問題，像如何對待朋友等。然而，他仍需要感到周遭的成人世界是相當穩固的。

要判斷一個八歲的孩子能擔負多大的責任是件困難的工作。我們最好記住，他們仍依賴規則。我所說的是那種會被堅守的規則，如同那些根深蒂固、被充分瞭解的規則般，會成為我們的一部分一樣。八歲的艾蜜麗教弟弟山姆過馬路，顯然對自己所學的規則很得意。「在路邊，要停、看、聽！」她對弟弟說：「看看右邊，看看左邊，再看看右邊，如果沒有車子，就趕快直走過去。」她母親聽著，覺得很好玩，甚至有點不好意思，因艾蜜麗背誦的這些話和二十五年前自己

所聽到的一樣。她一直遵守牢記著，還不知不覺讓艾蜜麗也記住了。儘管艾蜜麗和她母親在過馬路時都知道注意一下，但艾蜜麗在必要時還可依靠規則行事。

成人和孩子的關係

　　這個年紀的女孩和男孩在心理、物質或實際生活上仍依賴成年人，但他們已不像幼年時那樣，對父母的伴侶關係，特別是生育寶寶方面那麼感興趣。許多父母都經驗過告訴幼小的孩子有新寶寶即將誕生，卻奇怪地發現他毫不吃驚。

　　這使我們想起幼小的孩子對嬰兒的全神貫注，似乎一直在期待著他們，即使他們並未出生。但八歲孩子已把這種興趣拋到腦後。性和性別不占很大位置。他

們還要等許多年才到青春期，最後達到性成熟，似乎現在還不想考慮太多這些事情。

可以想見某些父親和母親會笑著想說：「這個女人到底在說些什麼啊？要說黃色笑話，沒有比小學操場更好的地方了。」這倒是真的，這個年紀的孩子腦中充塞著濃厚的「廁所幽默」，而他們所開的有關性的玩笑，就是那種「廁所笑料」，也難怪這種笑話被認為「髒」。重點是他們想到性總帶有貶義，似乎暫時忽略性與愛、恨及知識的聯繫，忘掉了那些偉大的熱情。但過多的黃色笑話對他們並無好處。它們會引起哄堂大笑，會使他們覺得笑話成功地打破了成人那種愚蠢的規則。但是，如果繼續放任這種情形，特別是大人看到聽到卻不加制止的話，不久他們就會開始感覺不自在。

這個年紀的孩子，對能克守成人角色的父母及大

人，似乎感到最自在。如果大人也開起「屎、尿、肚皮、屁股、內褲」之類的玩笑，或許很刺激，但新鮮感很快就會消失。同樣的，大人親熱溫存時，孩子會自動避開。所以現在，我們處於困惑的狀態。我們不想避而不談這類事，特別是現在性教育成為防治愛滋病的重要方式。而同時如果禁止這階段的孩子，把這些事置於感情之後，他們顯然會不太高興。舉例來說，瑪芝莉(Margery)父母離婚後，又都另組新家。她不僅為父母婚姻關係破裂而困擾，也同時因見到太多父母親暱行為而不安。她母親去看了兒童心理治療醫生，醫生認為瑪芝莉晚上睡不好，在校表現欠佳，以及整天焦慮不安的情況，可能與她無法適應新生活有關。

　　瑪芝莉不能適應她父母的新伴侶和新的生活模式，有一個重要因素，就是她無法制止自己不去想他們的性關係。她常常翻看母親的抽屜和父親女友的手

提包。她需要大人幫助她遠離他們的臥室〔私生活〕，並記住有一位八歲的孩子無力承受大人的衝突和情感問題。瑪芝莉的感受一團混亂，覺得自己被排拒在外而且孤單，成人的經驗是如此可望而不可及，而所有一切都過於刺激且毫無頭緒。

我們注意到，有趣的是這個年齡的孩子喜歡的書籍，不常涉及到成人，哪怕是那些談論真正重要問題的書籍，也只把大人放在邊緣構成背景，圍繞著中心故事。看過如E. B. 懷特(E. B. White)《夏綠蒂的網》(*Charlotte's Web*) 這類書的讀者，就知道可以從兒童的觀點來描寫普遍的人類經歷問題，例如：愛情、變化及失落等。這個年齡的孩子有自己的觀點，我們必須加以尊重。而且還有許多書，往往故事還沒發生就乾脆把大人摒除在外。C. S. 路易斯(C. S. Lewis)的《那尼亞年譜》(*Chronicles of Narnia*)就把彼得(Peter)與蘇

姍(Susan)，艾德蒙(Edmund)與露西(Lucy)帶進自己的天地。E. 納斯比特(E. Nesbit)《有出息者》(*The Wouldbegoods*)及《鳳凰與魔毯》(*The Phoenix and the Carpet*)中小孩的父母缺席，而在伊尼德‧布萊頓(Enid Blyton)的具爭議性但受歡迎的小說中，父母都是不重要的角色。(我倒不是說八歲的孩子該看得懂這種書，看懂的是有，但畢竟是少數。如果父母先唸給孩子聽，之後再讓他們自己讀，孩子的反應是會很熱烈的。)我想說的是，這些書與八歲兒童的內心世界很吻合，充滿有意識及無意識的想像以及這個階段特有的想法。在此成人世界與孩子世界保持一段距離，但我們發現在故事中，孩子正努力為自己的成人生活做準備，並努力充實成年前的時光。

這反映出團體對此年齡的孩子日益重要，諸如學校、組織、班級、朋友及群隊，而相對之下，成人也

更形重要，他們管理維護這些團體，通常表現得如叔叔、阿姨或大哥哥大姐姐，而不是扮演媽媽或爸爸的角色。

女孩和男孩的關係

就如同轉移了早期對父母關係，或其他類型配偶

關係的強烈興趣般，八歲的男孩及女孩也進入相當不同的階段。對此年齡層的一種看法，如前所述，是將它視為早年的觀察、發現的鞏固階段。其中有一項重要的發現是：你不是女孩就是男孩。如今，精力被擴展於強化穩固此項發現。這個年齡的孩子有一種特殊的方法來確定自己明白男女之別，特別是在涉及他們自身時。在他們能夠完全滿意地弄清自身性格的各方面之前，需要先對自己的身分有一定的基本認識。

因此絕大多數時候你會在操場上看到男孩與女孩之間有一條明顯界線：男孩一國，女孩一國。這個特殊的成長階段，有時因男女分校的措施而被強調出。關於男女分校有許多不同的意見，但事實上，男女分開接受教育絕非不可能，且孩子們似乎對此十分愉快。但不管分校與否，他們在這個年齡似乎喜歡和同性的朋友或團體在一起，因相同而自在，暫時不想嘗試什麼變化。由此來看，丹自信自己和哈瑞、史提夫(Steve)一樣是男孩，而艾蜜麗也肯定自己和蘇西(Susie)及安(Anne)同樣是女孩，每個人都可以跨過邊界，想像要是自己變成別人會有什麼感覺。

蘇西是哈瑞的鄰居，兩人從小一起玩耍，到六歲那年起開始逐漸分開了。雙方的父母不樂於見到此現象，希望他們的友誼能繼續維持。雖然他們兩人在上下學途中仍會友善地談天，聊聊老師的趣事或學校作

業，但他們的興趣暫時是分道揚鑣了，各人都會請別的朋友到家裡玩。不過他們的母親自然合理地希望不要長久這樣下去，希望他們日後又能在一起。很多人試圖消除那些性別歧視行為，當然，僵硬地強化男孩和女孩間某些臆測的絕對差別，只能導致一個絕望的感覺，即男女間難以相處。不過，這個年齡的孩子傾向於性別歧視。我們要明白畢竟性別歧視其實就是對男女本質和男女關係的一種不成熟的瞭解。那麼當我們聽到男孩到處說女孩是多愁善感的雜草，而女孩說男孩粗魯、愚笨這樣的話時，不應該感到驚訝。我們所要做的就是平心靜氣地盡力呈現一種不同的真相。

　　總有許多活動，是男孩和女孩可以實際一起友好參與的。維琴尼亞・伍爾夫(Virginia Woolf, 女作家)與魯伯特・布魯克(Rupert Brooke, 詩人)小時候在假日時，一起在康沃爾打板球。而珍・奧斯汀(Jane Austen)的

十九世紀女主角凱瑟琳·莫蘭德(Catherine Morland)，在這個年齡最喜歡從屋後的綠草坡地滾下，以及打棒球。今天，有許多的女孩子也踢足球。教室裡，孩子們愉快地合作計劃。那些充分認識自己身分的孩子，可以瞭解自己身上某種既像男孩又像女孩的特質。那位樂天且精力充沛的小女孩，雖然認同朋友所說男孩子是討厭鬼的觀點，卻肯和自己的兄弟一起玩耍，讀有關男孩子的故事，並顯示出廣泛的興趣。兒童文學中有這樣的事例。班克斯(Lynne Reid Banks)《櫥櫃裡的印第安人》(*The Indian in the Cupboard*)這本書的主角是一個十足的男孩，而整個故事（敘述一個小印第安人玩偶如何具有生命，以及照顧他的種種問題等）是有關這位年輕的主角變得多麼關心、保護他人及專注，表現出他所具有的母性情感。

更值得擔心的是，孩子對自己的性別感到不悅。

九歲的安東尼(Anthony)只和女孩子一起玩耍，胖胖的、動作遲緩、有時自吹自擂，有時又很怕羞，安東尼看起來蠻像他母親。混在女孩子中間似乎是由於害怕男孩。他心情抑鬱，進一步深入瞭解後，可以知道他來自一個問題家庭，父親身體不好但又很暴力。安東尼似乎對長大成男人完全絕望。不幸的是，他好像對女人也沒有很好的評價。

艾美(Amy)只和男孩子來往。她喜歡穿男裝——不只是這個年齡流行的那種好看的中性服裝。她要穿男孩的內衣及厚重的鞋子。即使是外行人也看得出艾美是一個不快樂的女孩。任何對自己性別排斥的跡象都值得擔心。關於艾美，有些問題值得探討，因她不是以往所謂的「野丫頭」，而是認為身為女孩子不安全。艾美不像那種經由探索本質的不同面而得到滿足的女孩，而是蒼白著臉、焦慮、愛發脾氣，對學習感

到十分困難。她不知道父親是誰，母親也死於癌症。我們無法就此推論出到底是什麼原因，促使她試圖成為一名男孩或男人，但她需要專業人員的幫助，花時間關心她，並以專業知識瞭解導致她害怕與其他女孩子在一起的焦慮。

在本書開始的第一章中，我們嘗試將八歲的孩子視為發展中的人，這些未來的女人及男人處於如此的階段，原有的家庭不再是他們中心指標。在觀察家庭中的孩子之前，讓我們先看一下社會這個正展開的廣闊世界，在此同時對孩子也有新的要求。

第二章

勞動與娛樂

學校

　　對於八歲兒童，上學無疑是非常重要的。在這一

階段，孩子必須處理很多有關學校的事務。正是在這

一階段——跨入小學的門檻時——老師和家長能看出

托兒所與幼稚園這幾年中，孩子收穫些什麼，以前的經歷又提供了他什麼樣的適應能力。

啟蒙教育（廣義上的）應該基於這樣一個事實：與兒童關係最密切的主要是成人，其次才是其他孩子。情況通常也是如此。一位優良的小班幼稚園教師知道在孩子面前，她應該多像個母親。她知道他們需要嚴密的監護，並且剛開始能獨自應付，而不覺得隨時都需要大人。因為所有的兒童都需要這種保障，也因為個體間能力差異極大（有些兒童五歲時就已能適應上學），所以一個幼年沒有碰到困難的兒童，卻有可能在小學裡日子難過。

泰瑞(Terry)和亞德里恩(Adrian)是這一類型中兩個相對的例子。泰瑞進托兒所時已提前發展出照顧自己的能力。四歲時他就模仿那些一起廝混的大哥哥，披上一層街頭調調的強硬盔甲。他莽撞，愛吹噓，並經

常扮演超人。但是托兒所的老師沒有被欺騙，她很快意識到在這層保護殼底下，掩藏的是容易受傷且焦慮不安的泰瑞。他覺得自己活在一個充滿危險的世界，喜歡猛然先下手為強，或求助於超人的魔力幻覺，假裝自己是無敵的。老師的同情關懷以及向助教指出泰瑞的脆弱等行動，是非常有幫助的。她盡所能阻止他做不應該做的事，進一步阻止他建立一種自己是魯莽壞小孩的假象，這是任何人都無法忽視的形象。限制他的行為，阻止他毆打其他孩子及搶奪玩具，這些都挽救泰瑞免於無法應付的罪惡感。同時老師還特別關注他嬰兒期過於短暫的缺陷。在泰瑞五、六歲時這方法還具效果，但到了七、八歲時就更難處理了。部分原因是因他嬰兒期從沒有得到足夠關懷。他母親本身來自於貧困環境，當時正為房屋問題傷腦筋，沒錢又缺乏精神支持，還有一大堆孩子要照顧。因而儘管所有

老師對泰瑞的問題都多少有所瞭解，他的成長與學習仍有阻礙。一旦他心虛、沒把握，就立刻變成超人。隨著對他的要求越來越高，他越來越感到不安定。

現在，在小學一、二年級，當班上其他孩子都表現良好，而那些較遲緩的學生也都跟上進度了，就可清楚看出泰瑞的確落後他人。於是他重新求助於他堅硬的外殼，「無所謂」的姿態以及搗蛋鬼的性格。他開始偷竊。如果你平心靜氣地觀察，似乎不難想像泰瑞為何會去偷。首先，他可能聽了許多哥哥們的誇耀之詞，他們在貧窮及不法勾當方面比他還有經驗。這確實是一種選擇——反社會。其次，更重要的是，泰瑞一定感到貧困、空虛，缺乏某些事物，於是試圖用偷東西來填補這種空虛。第三，他知道偷竊行為會引起大家的注意。你可以把它看成是一種行動，它在說：「瞧！看我幹了些什麼！你們怎麼現在才注意到我？」像泰瑞

這種人的問題是，他們需要的往往比學校所能給予的要多得多。泰瑞還算幸運，因為學校能給他夠多的特別幫助及關心，並一直把他視為特殊學生來處理，而不僅當他是位頑皮的小孩。他需要一種嚴厲的約束與個別的關懷相結合的方式，這在大班級中根本做不到，除非有像泰瑞的學校提供的那種「特別需要」的幫助。

剛才提到的第二個小孩亞德里恩則完全不同。他有迷人的個性，是一個大家庭的幼子。他毫不費力地讀完幼稚園，開始認字學算數。隨和、惹人愛的個性使他能以自己悠閒的步調前進。但再一次地，兒童以各自不同速度發展的事實，掩蓋了亞德里恩在學校生活某些方面的缺點，「真的，他們都還只是嬰兒。」一位教師看著亞德里恩那一班幼兒，慈愛地對另一位教師如此說道。這句話並沒有錯，但其中一些嬰兒正執著地往前進，而亞德里恩卻沒有。在整個幼稚園階段和

小學一年級，他一直都只做一點功課，畫幾筆畫或完成計劃的一小部分。他書只讀一半，文章只寫一半，連歌也只學一半。八歲半時他升到二年級，這時他遇到了史密斯(Smith)小姐。史密斯小姐能準確判斷何時該向一個孩子指明他並未做到最好，這一點她引以為榮。她仔細觀察了亞德里恩，當他一邊向她展示迷人的微笑，一邊說出拖欠功課的理由時，她發現一絲輕蔑的態度。很快危機便來臨了。亞德里恩注意到史密斯小姐相當機靈，於是他開始不安，逃避她的目光。之後她開始有條理地提醒他，他的表現很不令人滿意，他沒有做完這個，也沒有學完那個，他的種種理由都是捏造的──最後，亞德里恩回家去，哭著說他恨史密斯小姐，他不會做功課而且想休學了。

亞德里恩的家長大吃一驚，並安排與史密斯小姐會面。然而，就在近半個月裡，亞德里恩的功課已有

起色。史密斯小姐與家長討論，讓他們明白亞德里恩的確有些問題，唯有靠他自己下決心才能加以克服，而他卻一直在躲避那些令他焦慮不安的問題。從後來的談話和父母對他的印象，可以看出亞德里恩擔負某種包袱。由於自認對功課不在行，他不得不以迷人的表現來掩飾事實。這麼做讓他感到自己既不聰明也不能幹，但同時也自覺可以騙過大人。結果他不安地認為大人不怎麼好。誰能幫他脫離困境呢？史密斯小姐藉由承認困境的存在幫助他減輕負擔。我們可以想像換了其他老師，一定會把亞德里恩當作可愛的小孩，或許有點笨，但卻富於想像力，從不惹麻煩。但史密斯小姐卻幫助亞德里恩停止否認自己有些問題，只要亞德里恩咬緊牙關，即使不情願也要做好功課，他的問題就能圓滿解決。然後他自然會受到鼓舞，相信自己還是有潛力的。

　　然而，這種無所忌憚的方法──單刀直入挑戰亞德里恩以往對上學的態度，對於泰瑞卻是不可行的。亞德里恩是個有良好受教經驗的孩子，他需要的是回心轉意，步上正軌，並在大人幫助下發揮他自身的潛力。泰瑞則更脆弱，而且缺乏這些素質。儘管亞德里恩一度感到困擾、恐懼，可是一旦他勇敢面對，並證明他永遠都不能做好的擔心是錯的，他很快就能克服一切。泰瑞的恐懼則更強也更深。如果史密斯小姐窮追不捨並尖銳地揭露他的缺點，他會變得更加叛逆且具攻擊性。

學會工作

在上一節，我們看到亞德里恩和泰瑞都是在這階段發現了學習及工作方面的困難，也看出為何在學校的此一階段會有如此麻煩。

毋庸置疑，孩子一生都在工作。新生兒的勞動就是吸吮，如果考慮到一些嬰兒為吸吮所花的力氣，那這也算是件不輕鬆的工作。把三塊磚疊起來或學習走路，同樣都很困難。而對三、四歲的兒童來說，堅持不懈地完成一項拼圖遊戲或持續嘗試與一位笨拙的同伴一起玩耍，確實都是勞動。太早強調學校是一處勞動場所是有害的。早期教育必須不拘形式，兒童在還

沒意識到勞動與遊戲的界限之前，就自然而然地掌握知識與技能。

可是，當孩子八歲時，通常已出現某種區別。問題是，怎樣能讓他們始終記住，勞動是令人滿足、有意義且愉悅的，就像完成一幅拼圖那樣？怎樣同時結合實際情況向他們說明，並非所有勞動都是有趣的，毅力與天資同等重要？在這一階段，父母無疑才剛開始考慮這些問題。事實上也應該如此。埋首於習題汪洋之中，保證會對數學產生永久的厭惡。事實上，要讓一個孩子厭惡勞動實在太容易了。

但是，有另一個看待算數題目的角度。難道它們注定是一種苦差事？怎樣才能結合良好的願望和聰明才智以達到一種認識，即練習運算是為了獲得一項技能，而如其他技能一樣，它能使人感到滿足？

這是掌握技能的好時光，至少在孩子的想法裡，

這已經成為最重要的大事。我們只要觀察一下孩子豐富多彩的課餘活動就可以看清這一點。他們參加足球、柔道、網球、板球和溜冰等各種俱樂部，每週都去參加訓練。他們學習樂器——這是需要大量練習的——還有芭蕾舞、踢躂舞和體操。他們學習騎馬、游泳和

跳水。當然，我們需要辨別在這些活動中，哪些是孩子自願去做的，哪些則是出於父母的意願。

或許我們應該檢視我們的動機並考慮一下是什麼

因素，促使我們帶孩子做這做那的。是因為想把我們
真正的興趣傳給下一代？還是因為我們年輕時不願學
琴，而一直深感遺憾？我們是否希望孩子出類拔萃？
不要落後他人？但是審視之後，我們發現在這個過渡
時期，所有這些事情對於孩子都合適。首先，他們無
論在生理或心理上，都能處理以前做不到的事情。有
些事情在兩三年前他們連想都沒想過，現在也開始嘗
試了。另外，上面我所提到的活動都具有一個優點，如
果你找到一項適合自己的活動並稍花點心思，就必然
熟能生巧。

　　這些活動與創作詩歌、小說或學校的戲劇表演一
樣，都能使兒童得到心理滿足，覺得自己做了些值得
從事的好事。小孩為辦好班會而努力，或者在學期結
束時把一本寫得滿滿的作業本帶回家，都會在潛意識
裡感到事情是可以做好的。這就好像一帖解毒劑，是

種補偏救弊的力量。這股補救的驅力，是我們固有的力量，必須加以發揚光大。那些沒有能夠盡全力的兒童喪失了一個重要機會，來感覺自己為學校和家庭生活作出了有意義的貢獻：取悅他人，出於慷慨而非被奴役，是必要的。

正是在這個年齡，老師和家長能看出一個孩子的優缺點，並開始揚長抑短的微妙工作。這不一定是件容易的事。麗蓓嘉(Rebecca)開始學彈鋼琴時顯得非常出色。一年後，老師說她能成為最頂尖的。她的父母意識到他們即將面臨一些費神的選擇。她應該學習另一種樂器，譬如小提琴嗎？老師對此十分熱心。也許他們還應考慮讓麗蓓嘉上專門的音樂學校。這時他們及時地提醒自己，女兒只有八歲半大。他們認為如果決定讓麗蓓嘉在此年齡就全力往音樂發展，當然應多聽她自己的意見。必須讓她繼續學習音樂，並幫助她

全力以赴,但音樂不應該成為她生命中最重要的東西。母親對父親說,她在電視上看到溜冰及體操選手都是因幼年的訓練決定了一生,她為此感到難過。她父親補充說,現在一定已經有一大群未來鋼琴家的人選,他覺得除非日後麗蓓嘉自願往此發展,不然他們應該堅持適當的一般教育,並為她保留選擇的機會。

麗蓓嘉的父母知道八歲的孩子還太小。當然,即便是這個年齡的孩子也能自己應付一些事情。麗蓓嘉的音樂老師還有另外一個和她同齡的學生,叫凱特(Kate)。凱特有三個比她大許多的兄姐,都是學音樂的。凱特的母親很希望再聽到練鋼琴的吵鬧聲。但凱特不喜歡。並不是說她缺乏音樂天賦。可是她只是硬著頭皮學下去,雖然考得很好,但一直是母親在背後推著她走的。於是就在她九歲生日之前,媽媽不得不悲哀地意識到這一切已經夠了,應該讓凱特自己來作

決定。或許將來凱特會後悔，但諺語說得好:「牽馬河邊易，逼馬飲水難。」凱特花了一段時間終於漸漸對音樂有興趣，母親只得承認有些事情是無法強求的。之前凱特不僅更加不喜歡音樂，她還產生一種錯誤觀念，以為勞動就是強制性的苦差事。

遊戲和運動

上一節我們提到一些消遣活動，著眼於讓八歲兒童學習技能，加以應用，並從中感到樂趣。其實，娛樂活動還有其他一些很重要的作用呢!

托比(Toby)快八歲時，和同班幾個男孩子一起去地方休閒中心，參加每週一次的板球訓練班。他們很幸運，因為教練是一位聰明熱切的澳洲青年，他訓練

他們整整一年。這件事對托比產生了無法磨滅的影響。

托比之所以對板球有興趣，是因為父親和祖父都很喜歡這項運動。對他而言，板球因與兩位他所愛戴的人有所關聯，而別具意義。而且他發覺他一開始就打得頗為順手，他想仿效父親與祖父的念頭令他更為熱心。教練傑森(Jason)很高興帶這群熱心的孩子。對托比來說，他頭一次遇到喜歡自己所教內容的老師——真正認真看待某事的大人。托比曾被喜歡孩子也喜歡教育的人所教過，但他從沒碰過那一種人，能把他帶進一個老少咸宜、充滿古今英雄的世界。

同時托比也喜歡和球隊一起打球並遵守規則——他漸漸地瞭解兩者都具有某些意義。一個可以效忠並為之竭盡全力的球隊，對八歲兒童無疑有著極強的吸引力和影響力。不論男孩還是女孩，都熱衷於團結的感覺，意識到參加球隊和遵守球規，是克制競爭心的方

法：既要允許充分的競爭，又不得在競爭中失控。這種方法提供機會，使得孩子能稍微疏遠自己的家庭並順利地進入球隊或班級等團體中。

對競爭加以管理是有益的。父母對於競爭有著截然不同的見解，極端的一方認為兒童的競爭衝動（偶爾在家庭生活中可見）應該積極予以增強。這些人贊成按所謂成績次序給兒童分等級，這可用老辦法：每週一次的分數排名。也可利用體育、功課、遊戲的競賽、聯賽、測驗等各種方式。另一種截然不同的見解則認為，決不能把兒童放在一起相互比較。每個孩子都是獨特的，都有優點和弱點，都是單獨的個體。後者認為前者太殘酷，而前者則認為後者太感情用事。此外，另一種中間的觀點承認兒童有競爭心，但他們試圖把競爭衝動分成有用的和破壞的。有用的一面涉及要做得更好，以及正確認識自我的成就和能力的希望。

每當孩子想到：「我能做得更好」，這裡面有一種隱隱湧動的慾望，我們稱之為競爭。「我做得有多好?」這個問題有時也要用某種外在標準來衡量。總之，儘管我們只希望進一步加強自己的長處，但我們仍需抬起頭來和他大的長處比較一下，以便適切地運用我們的才智與勞力。

由於兒童會自動地作比較，因而想完全漠視比較似乎是錯的。同時，把兒童的競爭衝動強化到你死我活的程度，也是很危險。因為這很容易讓人感到「比較」是討人厭的，因這時考慮人們成就的唯一方法就是分等級。反正八歲兒童很容易這樣做，她得到十二顆金星，而他才得四顆；他有二十七張足球明星照片，而她只有五張。增強這一傾向就會使兒童看不起那些他們認為等級低的人，並且導致一種幻覺，認為你打敗別人之後可以乾脆徹底消滅他們。這樣的話，你不

僅是灌輸一種狂妄自大的輕蔑心態,也是灌輸對失敗、落後、受侮辱或消滅感到恐懼。

　　所以很清楚,團隊競爭與公平競賽的環境會給兒童帶來多大的寬慰。在領隊的指導及規則的約束下,孩子可擺脫破壞幻想,發洩自己的對抗衝動。我們再談談托比和他的板球。他在這裡找到一種媒介,使他能對照他人確定自己的步伐;對照過去,改善自己的球技;使他能做到團隊合作,並為所有隊友定位;能

勝不驕，敗不餒，始終不懈。當然在這方面，八歲的托比才剛踏出第一步，他還有很長的路要走。

然而，正是在八歲時，這樣的念頭開始變得有意義。對幼童來說，他們的忠誠與敵對還只表現在家庭模式，這些想法尚不具備涵義。但是現在，帶有規則的運動和遊戲開始產生影響。棋盤遊戲變得受歡迎，因孩子能藉此學習調整輸贏產生的感覺。許多八歲兒童還不能克制自己對失敗的氣憤和挫折感，不論是像蛇梯棋這樣全憑運氣的遊戲，還是某種帶有一定技巧的遊戲，他們發現要控制厄運激起的暴怒相當困難。這些都是為了學會當生活說「不」時，知道如何處理自己的情緒。

棋盤遊戲還有其他因素與八歲兒童的思想方法正好吻合──加分、領先、把對手甩在後面──這適合定量世界觀（「多少?」）而不是定性世界觀（「哪一

種?」）；以及等級觀念，類似一個梯子，最偉大、聰明者居於頂格，而最渺小、不重要者居於底層。

共同學習

雖然這些世界觀並非唯一的，但在此年紀它們是最重要的；我們的對策是寬容而不放縱。我們必須保留廣闊空間給尚未受到組織化競爭影響的活動，八歲期間這樣的空間最好的就是教室。良好的現代小學教育在於互助合作以及個人的努力和專注。這個年紀的孩子開始喜歡足球之類的團隊運動規則，或者在拼字遊戲，抽數碼賭戲中玩得開心（或發脾氣）。但在校內學習世界中，過度關注競爭的本能，基本上是錯誤的。

所有八歲兒童的家長都知道，班級集體計劃成功

時，孩子會多麼激動與滿足。蘇西和哈瑞同班，他們

的老師布麗姬絲太太(Mrs. Bridges)宣布這個學期班級

項目的主題是古埃及。你可以想像什麼樣的金字塔、

象形文字、法老王、木乃伊出現了，還有尼羅河與沿

岸的莊稼，以及古老的神祇和女神。孩子們做出豐富

多彩的藝術品，還前往倫敦大英博物館參觀。在這項

目裡，布麗姬絲太太讓孩子各盡所能發揮，並依照個

別需要給予幫助。哈瑞特別自豪，他精心製作的安努

畢斯（死神）面具，甚至真的可以戴在臉上。他寫作能力差，所以布麗姬絲太太看到他均衡地完成了面具的各個方面，並在不斷進步，就滿意了。蘇西做的是書法作品，並散布著小幅的插圖。史提夫複製了一份埃及烤麵包的配方，大家都烤出了小麵包。布麗姬絲太太安排了這種既活潑又大膽的非競賽學習活動，同時她也堅持熟練算術是絕對必要的。在所有的課程，她試圖向孩子保證沒有人會受到忽略，也沒有人的貢獻會遭到嘲笑。誠實的努力和天才的發揮都值得獎勵。她用這種方式來減低兒童愛分等級的傾向。她受到全班的愛戴和尊敬，成為樂趣的泉源和公平競爭的守護神。而她的公平競賽要比板球教練的公平競賽來得有意義。

其他興趣

　　我們發現在良好的課堂學習興趣盎然，並與八歲兒童心中的現狀相協調。那麼，到底是什麼吸引著這個年齡層的孩子，而且為什麼會產生吸引力呢？

丹和哈瑞都覺得兒童電視節目「藍彼得」(Blue Peter)不知道為什麼變得越來越好看。其實並非節目真的變了，而是他們長大適應了。這類節目符合該年齡層的特定需求。下面是「藍彼得」節目最近播放的一些內容。在一幢被拆除的房屋的地基裡，埋著一種「時光太空艙」：一部描述1927年發生的事情的影片。我們觀賞影片的首次放映——有關喬治五世和瑪麗王后及倫敦街景。英國最佳香腸比賽的情況。環保汽車的介紹。兩位可愛的女節目主持人穿著塑膠衣給大長毛狗洗澡。世界一級方程式賽車冠軍——奈哲爾‧曼索(Nigel Mansell)的訪問。一群孩子詢問現任教育部長有關學校新計劃的問題。主持人穿上高統套鞋，把「藍彼得」春園池塘之水搞混。

我們能否據此歸納這類節目滿足哪些需求呢？首先，顯而易見地，無論兒童多麼喜愛玩樂，他們無意

中承認自己需要嚴肅主題這樣的「固體食物」，他們常常想知道事實。1927年究竟是什麼樣子？世界冠軍真正想的是什麼？如前所述，在論戰與爭吵中，他們覺得穩固的道德框架更保險，故他們對有益環保的想法趨之若鶩。教育部長放下身段準備與他們討論問題，這吸引了他們喜歡事物明晰可辨，安全可靠這一傾向。回顧過去令人神往，往往伴隨著興奮、激動、探險。主持人和濕狗搏鬥，附帶提供如何、何時、多久一次及何處洗狗等大量準確訊息，把趣味性與實用性結合在一起。

兒童電視看得多，要讓他們少看點往往成問題。一是因為我們作父母的經不起孩子的再三懇求，二是因為當他們安安靜靜地待在電視螢光幕前，我們感到放心，儘管也有點內疚。另外，即使他們不在家裡看，他們也能到別人家裡看。

儘管如此，區分電視節目的有用與否，還是很值得的。電視節目有許多種，既有積極啟迪思維的（像兒童連續劇，故事節目，自然世界節目之類的）；也有活潑娛樂的（如卡通片、益智節目和專訪等）；還有那些垃圾節目，及根本不適於兒童觀看的節目。我覺得有必要為垃圾節目設定一個界限——我是說有些兒童把那些嚴肅、有益的節目視為垃圾。電視會助長無知，它能替你填補空白，以至於你根本無需自己思考。儘管這有點像說教，但這或許正是這一年齡層的兒童在向成人大聲疾呼的——他們需要有人開口說：「夠了，夠了」，然後關上電視。尤其是那些適合成年人觀看的渲染暴力和色情的片子，更會給兒童帶來過度的刺激和混亂。難道這就是長大成人的意義嗎？難道這就是爸爸媽媽私底下的樣子嗎？假如這就是所謂的大人，他們幹嘛不准我們打架、玩愚蠢的遊戲呢？即使是那

些較嚴肅、非暴力的成人節目，對於八歲兒童來說，也顯得分量太重了點，他們會自動地試圖避開一些令人不安的鏡頭或念頭，但如果強加給他們的話，是有百害而無一利的。

史提夫在一個朋友家裡，和這位朋友以及幾個不太負責任的大哥哥一起看了名叫《榆樹街惡夢》(*Nightmare on Elm Street*) 的恐怖電影。他大驚失色，作了好幾年惡夢。八歲兒童總是竭力把幻想與現實完全分開。他們需要鞏固他們頭腦中有關現實與虛構，真實與偽裝，真話與謊言等區別的認識，因為他們不久前尚不能確實分辨它們的不同。每當屏障被打破了，夢魘世界衝進真實世界，他們就會嚇得六神無主，驚慌失措。也難怪他們會對沒有好好保護他們的成人世界產生怨恨的情緒。

即使沒有恐怖片這類的問題，經常坐下來和孩子

一起看電視並注意一下他們所吸收的東西，也是不無神益的。我們通常會感到某種驚喜，當然也有不快。八歲兒童會沈溺於像《鄰居》(Neighbours)這一類無害的肥皂劇中，有時甚至對萊姆西街(Ramsey Street)上發生的故事有一些頗有見地的觀點呢！

激發想像的遊戲和玩具

八歲是趕時髦與收藏的大好時期。幾年前，小女孩們收集「小馬駒」，現在有「忍者龜」和塑膠摔角手。或許我們會對玩具製造商操縱孩子的喜好感到厭煩惱怒，這種情形也的確令人遺憾。但是，如果把錢的因素排除在外，收集「希爾瓦之家」（玩偶之家的動物）和星際大戰中的人物玩具，與收集廉價圖片和隨地可

撿的七葉樹果之間，其實有難能可貴的小區別。

　這些收藏有多種作用。首先，它們把孩子和他的朋友緊緊拴在一起。其次，可以安全地排解競爭。第三，孩子可以學會交流，交換及比較。第四，通過搜集大量物品，孩子會感到很富有。第五，說不定孩子會成為那方面的專家。當八歲兒童談起、記錄、整理他的收藏時，他的認真仔細和學者般的態度真會令人大吃一驚。最後，收集的玩具或物品還能滿足兒童的另一項需要。它們將構成兒童創造性遊戲的基礎，不管是自己玩，還是與朋友一起玩。

　　翟爾斯(Giels)和他的弟弟蓋瑞(Gary)一起用收集的樂高積木組成一些巧妙且複雜的模型。這些模型形狀五花八門，但玩到最後往往都會變成打仗遊戲。這些戰鬥通常程式化且很正規，所以他們的作品不會嚴重損壞。儘管兩兄弟很要好，但這遊戲證明他們之間

早期的爭執依然存在。這些由孩子自己創作的戰爭故事的構思，是帶點血腥味的，所以，他們也受遊戲規則的影響。他們無意中也達成了某種停戰協議，在這個年齡他們已經體會到彼此間的相似，可以求同存異。但是，儘管他們的父母還沒有意識到這點，在他們真正學會和睦相處之前，他們的青少年時期還將會有更多的衝突和爭吵。

艾瑪(Emma)和路易絲(Louise)是最好的朋友，她們收集了許多某一牌子的漂亮小玩偶。兩個人都因為手巧，於是一場持久的遊戲開始了。她們為娃娃親手創作了各式各樣的服飾，還布置各種場景。有時娃娃在花園的假山花叢中擺弄姿態，有時則在玩偶之家與家具為伍。她們甚至籌劃了一齣名為「歷代服飾」的盛大演出，還縫製些小戲服，儘管這齣大展始終沒能完工上演。遊戲還包括要講述曲折的私人故事，每個

洋娃娃均有名有姓，性格迥異。故此遊戲可謂意味深

長，其中有一點是，所有娃娃都盛裝打扮，令人目眩

神迷，就像假的真人一般。可以斷言，這些娃娃無意

中表現出小女孩祈盼長大成人的願望，彷彿睡美人等

待王子來喚醒。在任何人抗議把她們落入性別俗套之

前，我要說明一點，其實她們兩位是活潑、健康，身

穿襯衫、牛仔褲的小女孩。

第三章

八歲的感情世界

若你看過本系列的第一部書，有關嬰
兒的，可能會記得嬰兒的需求有三種：餵
養、擁抱以及清潔。人長大，這些基本欲
求還在，只是形式更廣泛、複雜而已。人
生長發育、保持心理健康都需要經由人際
關係，無論是家庭內或家庭外的，但這又
是怎樣與這些基本欲求相互對應的呢？

吸收萬物

　　從早到晚，在家裡，在學校，不論何處，八歲兒
童都在學習吸收，吸收的某些東西被徹底同化，而永
遠成為其性格氣質的一部分。這就是深刻認同形成的
方式——孩子把父母的某些東西吸入內心世界裡而形
成的。這是一個主動的過程，孩子不是父母可隨意塗
寫的一張白紙，他也努力扮演自己的角色。孩子遇到

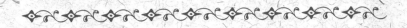

的事情，他對此的反應以及印象有著總合的作用。當
然幼年時的人物影響極大，但他們要經過吸收消化加
工，然後才在幼小的心靈紮根。簡而言之，就如沃特‧
德拉梅爾(Walter de la Mare)的話：「Ｔ小姐吃的東西就
成了Ｔ小姐。」當然，我們還得考慮Ｔ小姐的消化能
力。

毫無疑問，八歲兒童既善於接受又很脆弱。他們
易於接受好的經驗，也容易因壞經驗而受到傷害。戴
娜(Dinah)八歲時父母離婚。他們吵得很兇，但盡量不
讓戴娜知道相互間的不信任與厭惡感，並試圖為探訪
等事宜作好妥善公平的安排。然而意見不合與相互指
責時常發生。戴娜的母親有時因承擔基本的照顧責任
而覺得沈重，而父親又為半個月才見女兒一面而憤憤
不平。母親怪父親不負責任，而父親又覺得母親挑剔
怨恨，情緒欠佳，但兩人對女兒卻都極好。然而不幸

的是，這並不意味著戴娜只注意到針對自己的好意。她隱隱體會到父母之間心存芥蒂，雖十分擔心又不敢提起。其實她只是朦朧地覺察此事，覺得有些不安。當學校與母親聯繫，指出她的功課嚴重退步時，家長才清楚出了問題。他們帶她去看教育心理醫師。戴娜赴了幾次約，心理醫師海涅特女士(Ms Highnett)不僅對她作測試，以確定她的潛力和程度，而且想瞭解她的心境和感覺。她要求戴娜的父母一同參加回診，以訴求他們對戴娜真正的關懷。海涅特女士形容戴娜是位能幹的小女孩，但目前她擔驚受怕，能力受到阻礙。從她講的故事，畫的畫，以及在測驗中的表現，可以看出她覺得有必要討好、撫慰所有的人。只要有人相聚，她就覺得會引起爭吵。戴娜很怕人發火，任何稍微強烈的感情都足以驚擾她。提到妒忌心的故事會嚇壞她，有叱責的故事也不行。顯而易見，戴娜可能已失去精

力、上進心和解決問題的願望。她懷疑活力與決心，好像它們容易變質損壞，而且她覺得唯一行得通的就是放棄的道路。由此可見，不管我們願不願意，經歷都會潛入孩子內心。一旦父母不再否認戴娜受到傷害且憂慮，他們就更能一起合作幫助她，並控制對彼此的怒氣。

從另一方面來說，知道事物的發生不管是有意或無意，都有可能會被小孩吸收，反倒令人覺得安慰。因為家庭生活中所有好的方面，譬如大家都耐心幽默，互助親近的時刻，也像不好的時刻一樣有機會被孩子吸收同化。

好的經歷銘刻在我們心裡。板球手小托比熱愛敬重自己的父親，立志以他為楷模，很容易地吸收了父親的某些特質，變得和父親一樣和藹果斷而聰明。這與模仿大不相同。當然托比有時也會模仿，你可以發

現他在不知不覺中學他父親。一天在海邊，母親拉著他的阿姨說：「看他們兩個，還真像！」托比與父親正在沙灘上散步，目標明確地邁著步子，腳趾略朝外，且

都反剪著手。托比似乎已接了老爸的班，看上去活像他的小翻版。他時而也有意地仿效父親，看看他怎麼做的，再學著做。但這只是暫時的，他若不喜歡的話，可以馬上把朝外的腳趾收回來，放棄模仿。但真正學到手的特點是不能撤開或忘記的。父親對家庭生活的

態度，父母對他的態度，使托比學會了果斷。這是他永遠不會失去或忘掉，正如他永遠不會忘記如何走路。

各種的學習，無論有意識或無意識的，最好在愉快合作的氣氛中進行。如果像戴娜一樣心事重重，就有許多東西學不會。在學校環境中，當孩子學習遇到困難時，有必要觀察他的日常生活情況，而且要考慮到他的感情狀況。感情狀況常常會影響孩子的學習吸收。戴娜感到不敢學習吸收外界事物，而像泰瑞那樣貧困的孩子覺得自己所能做的就是偷。

還有一個叫巴尼(Barney)的小孩在學習上有點問題，不僅是功課方面的，而且在學習人際關係上。小時候並不特別麻煩的事，到了這個年齡還沒改掉就成了問題，因為孩子長大了，人們對他的期望也提高了。巴尼專橫霸道，有兩個哥哥，長久以來他都是全家的中心，儘管他早已不是小嬰兒了。在學校裡，他總想

引起老師的注意，老是打斷師生對話或別的孩子的回答，讓人十分惱火。他個子是長大了，但還未成熟。沒人會太指望一個小孩能與人分享，能禮讓他人，但巴尼享有此項特權太久了，以致現在如果他只得應得的一份，他就會覺得大受剝削。如果別人沒有立刻回答他，就會覺得受了冷落。同時，他還常破壞他人的東西。他可是一點都不討人喜歡，也不快樂。

他不學習怎樣和別人好好相處，功課也糟。有一個有趣的現象引起了老師的注意。如果你教他一些東西，譬如烏龜要冬眠，三乘四等於十二之類，他經常會回答：「我知道。」有時他確實知道，然而有時則否。但他總認為不知道是可恥、愚蠢且丟臉的。他不會採取求知者的態度，有些人渴求知識，渴望多聽一些精彩故事，但他的思維方式卻不同。總之，他不能忍受自己在人際關係中像個依賴者。

對巴尼來說，這事很複雜。表面上他似乎主宰一切，但在內心深處，他是動搖而多疑。他總是嚷著：「給我！我知道！我要！該我了！」實際上卻不能如願以償。他真得到什麼的話，又覺得那是嚇唬出來的。

　　巴尼的父母徵詢專家，全家人與一位兒童心理醫生進行會面，包括父母、兩個哥哥及巴尼。在一連串的會晤裡，很明顯地看出大家寵壞了巴尼，他的舉止像一個放縱貪婪的嬰兒，發起脾氣來威震四方。會議進行中，兩個大男孩明顯表現出對家庭現狀的煩惱與怨恨，並提出一些合情合理的改善辦法。他們，包括巴尼，在某種程度上希望事態能受到控制。漸漸地，經過感情上的許多努力，整個家庭都開始改弦易轍。習慣放任巴尼的父母，現在開始聯手限制他的要求。巴尼開始覺得做家中的老么很自在，並更有安全感。他開始希望自己能長大像哥哥那樣，也不再擔心自己注

定一輩子做一個笨寶寶（這是他以往對嬰兒的看法）。他的哥哥發現他變得懂事和氣，都覺得寬慰，開始接納他成為他們中的一員。在全家經過一番思考、學習和改變以後，巴尼才開始學習。

安全感和信任感

以上所述種種說明了八歲兒童在生活上需要一個堅定可靠的組織來支持。對巴尼如此，對所有的八歲兒童也是如此，儘管他們熱切地想闖出去看看更廣闊的天地，家庭仍是他們需求的中心。沒有哪個八歲兒童可以與家庭分開來考慮，所以巴尼的心理醫生才決定先看看他的家人。在孩子的這個年齡階段，家庭到底起什麼作用呢？

　　家庭的作用很重要，與上述建立人際關係和感情成長的問題都有關係。它是孩子生活的環境和架構。它是一股聚合力，提供連續性、可靠性和規律性，而我們也該承認即使是運作不良的家庭，或不再運作的家庭，對孩子的生活仍是十分重要的。

　　大多數孩子有一種頗安慰也不容異議的想法，就是他們的家庭是不會一走了之的。在一個可靠的環境中，事物有條不紊地進行著：學期結束後放假，早餐

過後是午餐，如有新鮮的不同事物（開心的、痛苦的或富於挑戰性的）可以在熟悉的環境中加以處理。一切在八歲兒童看來可能再簡單不過了。家人的記憶中存著孩子的往事。父母的記性，對孩子們的牽掛，為他們擔憂，遇到問題時費心思，替他們出頭——所有這些都理所當然地被認為是養育的一部分，構成了尚未成熟的小孩的容身之處，而這往往象徵為家。「我記得，我記得出生的那個家。」 湯瑪士 · 胡得(Thomas Hood)這樣寫道。對小孩來說，家有著永恆的意義。

千萬不要認為，說到家，我只是指孩子與父母兄弟姐妹居住的地方。我們必須認識到，很多不同方式都可提供家庭安全感，可以是一個大家庭，祖父母、叔叔、阿姨都住在一起；也可以是一個大人帶一個小孩；孩子可能是領養或寄養；可以是離婚喪偶而拆散的家庭；也可以是二次婚姻或同居重建的家庭。所有

這些都是可行且可能的。然而，巨大的變遷與損失是孩子難以承受的。如果我們否認這一點，在他們明明不好受時，卻說他們好的很，對他們是沒有幫助的，此點後文將再討論。從孩子的觀點來看，一個家庭必須具備的因素是，不論發生了什麼事，他們依然是你的家人，是你生活的內容，同時也是你的深情所屬。

八歲兒童還可以從何處獲取安全感呢？學校是個很重要的地方。不論有時你多麼討厭它，學校還是你該去的地方，也是你不得不去的地方，並且通過一種奇特的方式，你會覺得你是受人歡迎的。你的同學和朋友讓你意識到自我。多數學校都知道每天、每星期、每年都需要節奏。當然，形式是多變的，有一些學校將時間安排得比較靈活機動，但整體來說，「報到、集合、勞動、玩耍、勞動、吃飯、玩耍、勞動、回家」，這樣的安排給學校生活帶來舒適且可預測的節奏。緊

湊的作息時間會剝奪人們的自發性，也就是對付突發事情需要的能力，所以沒人會認為這是可取的。但是八歲兒童很看重秩序和固定形式。這也許是因為他們年紀還小，不足以建立和維護自己的一套。所以他們需要幫助和支持。

這種幫助和支持來自於學校和家裡那些關注他們的人的身上，它具有明顯的鼓勵作用，是灌輸和後援的結合，及促進成長的動力。我們應該怎樣鼓勵八歲兒童呢？

首先，是令人愉快的鼓勵，就是當孩子作出努力後，我們要以欣賞、慈愛和表揚來關注他。這通常不難做到。丹在童子軍裡表現出色，他自己很高興，他母親只需要說他飯菜做得如何好，急救如何機靈，就能皆大歡喜。不過這是相當微妙的事情。在一方面，所有的孩子都需要能不時顯示寬容慈愛的人，有時這個

角色就由祖父母扮演；但不管好意來自誰那兒，孩子偶爾需要感覺有人愛把自己當天鵝而不是家鵝。在另一方面，如果對孩子評價太寬容，又會導致孩子懷疑我們的誠心或智力。一度支持泰瑞的年輕老師就常常這樣，只要泰瑞做了一點點努力，他就會大喜過望，以為一味的鼓勵是正道。泰瑞漸漸能夠判斷自己是否做出努力，並感覺到這種鼓勵只是用來安慰人的（這位老師實在害怕泰瑞發脾氣），於是他就對此冷嘲熱諷起來。

在此我們可以談一個更普通的問題，正如泰瑞的老師覺得必須用讚美來取悅泰瑞，一些大人也是覺得孩子應該始終有好的經驗才行，若孩子遭遇可惡的經驗，就肯定有什麼不對勁。其實退一步想，我們就會理性地發現人生注定是好壞參半。布雷克(Blake)就說：「禍福相依。」困難焦慮，在所難免，我們能為孩子做

的，莫過於在他們受苦受難時，能陪伴他們。後文我
將從一個稍為不同的角度再討論此點。這裡我要談談
困境中的支持，以及如何幫助八歲兒童逐漸形成堅實
的「主幹」。前文提到凱特，她不想學鋼琴。父母理應
是寬容靈活的，但凡是凱特厭惡什麼時，父母若都百
依百順，就完全是另一碼子事了。凱特試過彈鋼琴，母
親也曾拼命幫她克服笨拙和厭煩，鼓勵她，讓她練琴，
講述音樂的樂趣。但在此例中，凱特一心只想著不要
像她的哥哥姐姐，不要完全按媽媽的意見做事。不過
起碼她不是從一開始就完全放棄。

　　如果父母確信其中必有樂趣，而不讓孩子凡事領
頭作主，對學習新事物往往是很有好處的。我們必須
尋求最佳平衡；孩子必須能做選擇，但尚不能事事做
主，或作重大決定。詹姆士(James)八歲半就很會看書
了。然而，雖然他喜歡故事（八歲小孩有時仍喜歡聽

人家唸故事），他卻滿足於漫畫和電視，而不看故事書。他的父母不想勸他，因為他們怕他反而會從此對閱讀倒胃口。然而，當他們聽到兒子神氣活現地對朋友說：「書可煩人了，我討厭看書。」還是有點吃驚。他該不會真有這種想法吧？詹姆士似乎不像許多同齡的小孩那樣，認為讀書太累人所以也就不會有太多樂趣。是否要幫他靜下心來呢？父母決定利用暑假這個大好時光讓他開始閱讀。他們搬進了一所沒有電視的別墅。第一天晚上，同平時那樣，母親讀給他聽。她讀的是一本新書，她說：「明天晚上你自己再接下去看吧。」詹姆士做了個鬼臉，他指望母親放他一馬。但第二天晚上母親執意不肯往下唸，他只能自己讀，不然就只好乖乖上床睡覺。他不高興地咕噥了幾句之後，伸手拿書。每天晚上母親都堅持如此。到了假期的第二週，詹姆士已不只在上床前才看書。回家後，父母決定持

續這事，為此還特意留出了睡前閱讀的時間。

父母共同的決心，在這樣一件小事上幫助了詹姆士，使他無意中認識到惰性是可以克服的。詹姆士後來轉學，有時會有家庭作業。對新學校的新鮮感消逝後，詹姆士著實吵鬧了一番，但父母輪流陪他做作業，雖然只是在旁陪他而並不替他做。有趣的是，這樣就足以使他感覺獲得精神上的支持。父母的齊心協力又成功了。詹姆士漸漸覺察到，父母知道他總會不喜歡做某些事情，但他們接受這現象，也從不驚慌失措。他們就是堅定不移。即使知道孩子不喜歡某事也能堅持，一個孩子要是沒有這樣的父母不能不說是一種失落。所有孩子在生活中都需要大人給他們有選擇的餘地（包括犯錯的餘地），並能容忍他們的憤怒、怨恨和悶悶不樂，而且也不會為之嚇倒。孩子在長大過程中也就這樣學會控制自己的感情，他們逐漸知道有些事令

他們疑惑、憤慨、緊張或無奈，但也學會了堅持不懈，勇往直前。他們吸收外界事物，轉變為自身內在的東西，從而成長為堅強的人。

出差錯，就得收拾殘局

剛才我們談到安全感和支持。如果災難降臨時該怎麼辦？無論十八歲或八十歲，都會遭遇大大小小的危機，八歲小孩也一樣。對付悲慘經歷有規律可尋嗎？

也許我們會暗自思量，人平常是怎樣從悲慘遭遇中恢復過來的。首先，這得依靠自身的應變能力，要有信任感、希望和樂觀的精神。童年時得到較好照顧的人早已打下一定基礎，而且隨著愉快的經歷不斷出現，這種能力得到發展，充實和更新。其次，具備了

應變能力，我們就能對付悲慘遭遇。我們有意無意地在心裡打量、琢磨，試圖加以理解，使它好受些。常常在睡夢中，這些事會直接或零碎地喬裝出現，這證明我們大腦深層在無意識中思考著對策。這事很難處理，因為就本質而言，不愉快的經歷會帶給人不愉快的感覺——恐懼、厭惡、孤獨、冷落、耻辱，也可能讓人產生羨慕、貪心不足、妒嫉和報復的心理。要想靜下心思考就先得對付這種感覺，而它們又是正常且司空見慣的，所以，我們別指望能遠離滋生這些情緒的環境。

對孩子來說，最常見的惱人經驗莫過於家庭成員的爭吵，譬如說從莉迪亞(Lydia)六歲開始，兩個十幾歲的姐姐開始同父母激烈爭吵，莉迪亞對此深感恐慌。要讓她視而不見是不可能的，爭執的緊張氣氛四處彌漫，誰都感覺得到。一個姐姐功課很好，卻為了男朋

友的事和父母吵得不可開交；另一個姐姐則由於功課不好而令人不安。就莉迪亞眼中看來，長大似乎意味著不開心，原先在她眼中（在童年想像中）是萬能的父母突然變得舉棋不定，兩人之間也顯出分歧，對於兩個大女兒的抗拒束手無策，憂心忡忡。莉迪亞覺得周圍整個世界變得動盪不安，而且由於她還不具備成人的思想觀點，因而無法將這一切看作過渡階段。她活在家庭之中，家就是她的世界，她覺得生活是那麼的不穩定。

在這種情況下，該怎麼辦？最糟的辦法就是獨自苦悶。家人吵鬧後，莉迪亞大哭一場，而她媽媽突然意識到她的不安，便把她抱在膝上，試著跟她解釋現在情況變得困難。莉迪亞起先吞吞吐吐，但稍加鼓勵之後，漸漸能流暢地說出她是多麼討厭爭吵，她覺得兩個姐姐有時是多麼糟糕，以及她多麼希望這一切不

要再發生。不是所有的孩子都能輕易地表達內心思想，但如果你讓他知道你注意到出了差錯，並且對此很認真，就能有所幫助。

知道孩子心裡難受是種折磨，所以我們都想假裝不知道。還有一個家庭，父母嚴重的不和。丈夫有了婚外情，妻子雖知道此種情況，但考慮到單獨撫養孩子的困難，所以希望看在孩子的分上，夫妻關係能維持下去。她丈夫有時想留下，有時又想一走了之。他

們以為這一切都能瞞著孩子，在孩子面前不露聲色且表現得彬彬有禮。孩子雖然不知道到底出了什麼錯，卻意識到出事情了。大孩子為此無精打采，破天荒地考出很差的成績，第二個孩子開始偷小東西，最小的孩子動輒發怒且纏人。可見隱匿的爭執與公開的爭吵一樣會對孩子產生影響。看來實情是無可替代的，而且當然不包括那種只會引發更多焦慮的細節部分。事情變得很清楚，能讓孩子解脫的唯一方法就是父母忍痛，公開承認目前兩人確實處得不愉快。這當然也只能讓孩子得到部分寬慰，但起碼他們知道自己沒有捕風捉影。歸根究底來說，家裡發生這種問題，只有靠點犧牲才能解決。至少這樣做總比一味否認和粉飾太平來得好。

在這件典型的事例中，孩子為什麼而難過是一目了然的。在其他情況下，就不那麼明朗了。如果你覺

得孩子不快樂，你怎麼去瞭解清楚呢？首先，你有所發現，這已經做到最重要的一步：你收到了求救信號。孩子常用間接的方式與人交流，除了直接告訴我們，也通過喚起我們的感覺來交流。有時孩子會喚起擔憂之心，他們會食慾不振，無法入睡或以種種更微妙的方式，讓父母感到焦慮不安。「怎麼回事？他要是不吃飯會生病的！她要是不睡覺會累壞的！為什麼他吃不下東西？為什麼她睡不著？她病了嗎？」這些問題是瞭解毛病的開端。有時孩子自己也不知道出了什麼毛病，直截了當地追問只會使他為難。「親愛的，發生了什麼事？」這樣的問題引來的必然回答就是：「沒什麼！」，「不知道。」父母必須探求孩子生活的各個方面以發現導致緊張的因素。學校裡出了什麼事？父母之間出了什麼事？家裡是否有人生病、過世或失業？我們往往不知道如何使擔心適可而止。是該相信困難會過去呢？

還是有必要採取些行動？還是諮詢專家？這本書是不可能回答這些問題的。也許有一條妙計，那就是慢慢來，三思而後行，等到你完全確信掌握了事情的來龍去脈再採取行動。在上述不幸的家庭中，父母的婚姻出現了危機，大孩子學習成績退步，如果要是去指責學校的不是，說學校不適合這個孩子，要考慮轉學，這都是沒有意義的。

　　當然，有時候也得採取雷厲風行的措施，對付欺負同學的行為就要這樣。有必要提請學校注意，與教師商量對策以制止欺侮行為。在這之後，我們還得想一想：「為什麼這個孩子會被人欺侮？」答案可能是各式各樣，孩子或許因害怕自己太過分而變得膽怯，甚而連自身利益都不敢維護。前面提到過的亞德里恩就跟他爸爸說，他已經學會怎樣對付想欺侮他的人了。「你得露點兇相，否則他們就會回去叫同夥的。」欺侮和被

欺侮的人都值得我們深思。首先，毫無疑問，得制止這種行為，然後我們得好好研究瞭解一番。

妥善解決小麻煩可以鍛鍊感情的適應力，於是當對付大麻煩時，孩子就會比較得心應手了。有些事是父母無法解決也無力阻止的，生病、住院、開刀、離婚、死亡——所有這些大災禍，既能打擊大人也能打擊孩子。在這種情況下，我們所能做的就是不要忽視孩子，不要讓他們獨自去面對痛苦和失落。必須讓孩子有充分的機會來談談這些大問題。當然，這得小心謹慎、循序漸進。誰不記得大人也會干涉過多、為難孩子？同樣的，我們也都記得某某人在我們小時候的心目中是慈祥的長輩，可以求助於他，既富有同情心又寬宏大度。

朋友和交際

　　最後我想談談交朋友的事。到了這個年齡，許多
孩子都已有了廣泛而全面的人際接觸，這既可養成周
全的考慮，體貼他人，關心他人，也包括集體活動，
相互競爭或爭吵。通常孩子在家庭生活中體會各種感
情，家人保證不會見怪，不論這個家庭小得只是單親
還是有許多兄弟姐妹和其他人。顯而易見，八歲的孩
子已能逐漸將在家裡學到的處理人際關係的方法用於
在外面交朋友。當然，更小一點的孩子就已經開始這
樣做了，只是幼兒對感情的控制能力差，交友很多時
候都需要有大人的監護。

彼得比他的鄰居詹姆士大一點兒。他們是日間活動課的同學，很要好。學校放假了，兩人的母親又都有工作。詹姆士對此很緊張，但他還是希望能和彼得一起遊戲活動，相信彼得能陪伴他，幫助他。星期一早晨，彼得感覺不舒服，他母親到樓下打電話給詹姆士的母親說他不能過去了。當她回來時卻發現彼得快哭了出來，他說他在擔心詹姆士：可憐的詹姆士，我不去陪他，他該不會不好受吧？

這樣一個小小的例子，就可表明彼得很能設身處地為詹姆士著想，甚至把詹姆士放在首位。然而，這並不是說他倆平時沒有衝突，彼得也會對班上同年齡的男孩子感興趣。他倆誰也沒把對方當成易碎的瓷器來看待，這是健康的現象。許多孩子都會更換朋友，如果不是發展得很極端，我們也用不著擔心。但沒有朋友或沒有固定朋友的小孩不可能是討人喜歡的小孩。八

歲小孩還不會處理一些問題，譬如如何適應對方，如何有東西共享，如何洞察別人的心思等等，但這些該著手解決了。

結論

　　八歲兒童處於童年的中期，激情與親密的嬰兒期
與幼兒早期就此結束，而發育期和想當大人的青春期
又尚未到來。但如果在八歲左右還沒有培養出一些穩
健固實的氣質來，那麼到了青春期、他們就很難像個
大人。

參考資料

☐ *On Learning to Read: the child's fascination with meaning*, Bruno Bettelheim, Thames & Hudson, London, 1982

☐ *Children's Minds*, Margaret Donaldson, Fontana, 1978

☐ *Parenting Threads: caring for children when couples part*, National Stepfamily Association, 1992

☐ *The Emotional Experience of Learning and Teaching*, Isca Salzberger–Wittenberg, Gianna Henry & Elsie Osborne, Routledge & Kegan Paul, London, 1983

協詢機構

中華兒童福利基金會臺北家扶中心

(02)351-6948

臺北市新生南路一段160巷17號

臺北市私立天主教附設快樂兒童中心

(02)305-8465,307-1201

臺北市萬大路387巷15號

臺灣世界展望會

(02)585-6300 轉 230~231

臺北市中山北路三段 30號 5F

□財團法人中華民國兒童福利聯盟文教基金會

(02)748-6006

臺北市民生東路五段 163-1 號 3F

□財團法人臺北市友緣社會福利事業基金會

(02)769-3319

臺北市南京東路 59 巷 30 弄 18 號

□財團法人臺北市覺心兒童福利基金會

(02)551-6223, 753-5609

臺北市中山北路二段 59 巷 44 弄 3 號 1F

□財團法人臺北市聖道兒童基金會

(02)871-4445

臺北市天母東路 6-3 號

□臺大醫院精神科兒童心理衛生中心

(02)312-3456 轉 2390

臺北市常德街1號

□中華民國兒童保健協會

(02)772-2535

臺北市忠孝東路四段220號8F

□中華民國兒童保護協會

(02)775-2255

臺北市延吉街177號8F

□中國大陸災胞救濟總會臺北兒童福利中心

(02)761-0025, 768-3736

臺北市虎林街120巷270號

□財團法人中國兒童福利社（附設諮詢中心）

(02)314-7300~1

臺北市中正區武昌街一段16巷5號

三民書局在網路上
與您見面囉！

從此您再也不必煩惱買書要出門花時間
也不必怕好書總是買不到

有了三民書局網路系統之後
只要在家裡輕輕鬆鬆
就好像到了一個大圖書館

全國藏書最齊全的書店
提供書籍多達十五萬種
現在透過電腦查詢、購書
最新資料舉手可得
讓您在家坐擁書城！

●會員熱烈招募中●

我們的網路位址是http://sanmin.com.tw

做孩子一生的朋友

~親子叢書系列~

父母的成長從瞭解孩子開始

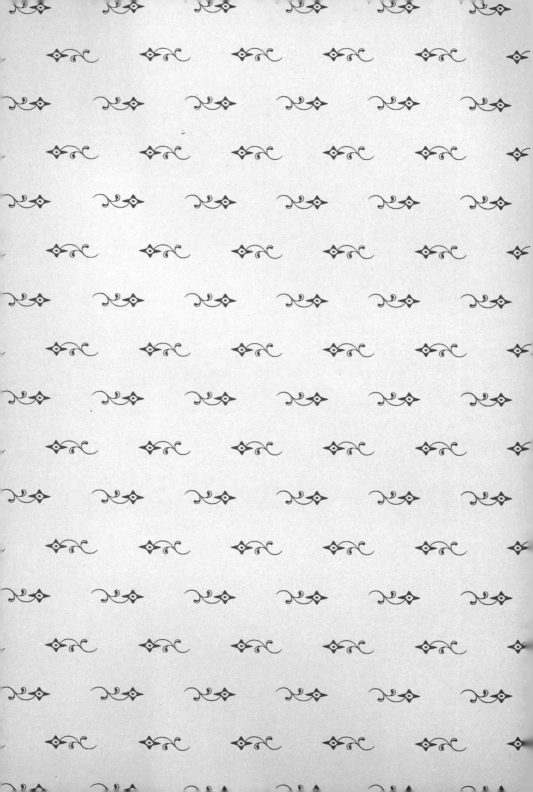

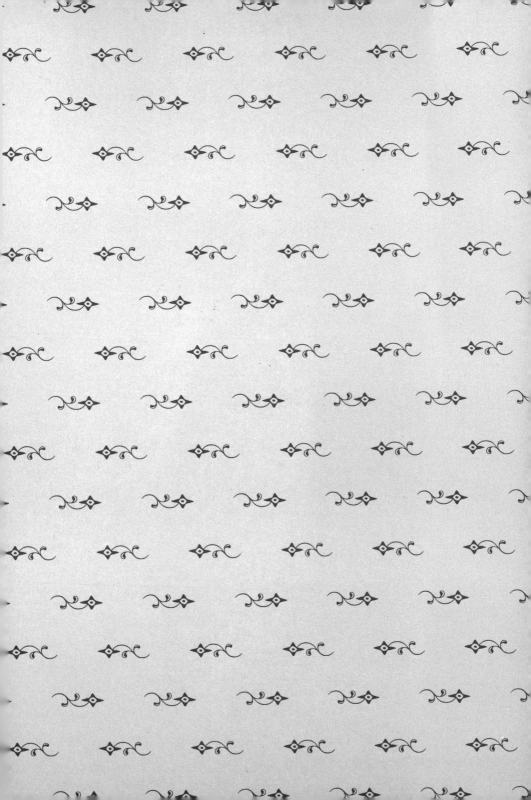